DISCOURS

DE

M. GAMBETTA

Prononcé à Grenoble le 10 octobre 1878

SUIVI DU

PETIT CATÉCHISME

de Persévérance

SAINT-ÉTIENNE

IMPRIMERIE J. BESSEYRE ET Cⁱᵉ

Rue de la République, 14

—

1878

DISCOURS

DE

M. GAMBETTA

PRONONCE à GRENOBLE

Le 10 Octobre 1878

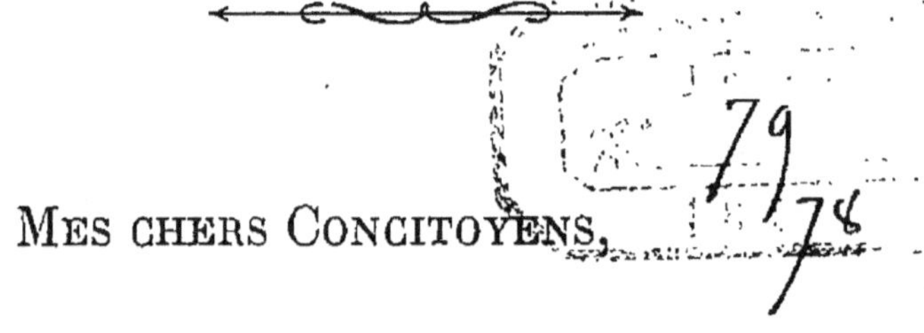

Mes chers Concitoyens,

Les paroles qui viennent de m'être adressées et qui, on a bien voulu le dire, expriment le sentiment sincère de cette Démocratie française à laquelle j'ai consacré tous mes efforts, tout ce que je peux avoir d'ardeur et de force au travail, — ces paroles sont pour moi une récompense que je prise bien plus haut que tous les accidents de la fortune ou du pouvoir, et elles m'obligent à vous dire qu'en venant fraternellement au milieu de vous, avec qui je suis en communion de pensée, d'espérance et d'efforts pour le triomphe d'une République véritablement nationale et française, je savais que cet accueil me serait fait. Et lorsque je pense que le moment est bon pour adresser la parole à nos amis des autres départements, que

l'heure exige ou des explications ou des exhorta-
tions, c'est presque par un penchant invincible de
mon cœur que je me trouve amené dans ce massif
central du Dauphiné, qui est pour moi, au milieu
d'autres qualités qui le distinguent, comme le
cœur et le centre même de l'énergie française.

Il y a, en effet, ici une Démocratie équilibrée,
une Démocratie ferme, ardente, mais sûre ; une
Démocratie qui sait distinguer la période de la
discussion de la période de l'action, qu'on est toujours assuré de trouver debout quand il faut être
debout, une Démocratie circonspecte et vigilante
quand la situation exige qu'on surveille l'ennemi
sans provoquer de mouvement offensif.

C'est donc tout naturellement que je vous disais,
en 1872, que nous entrions dans une étape parti-
culière de notre politique ; je me faisais alors un
plaisir de choisir Grenoble comme centre d'action,
et aujourd'hui je me fais un plaisir nouveau de
retrouver des amis et des compagnons de la première heure et de leur dire : Nous allons franchir
encore un défilé, nous allons arriver sur un autre
plateau ; voulez-vous que je vous fasse connaître
les espérances que je conçois et les écueils et les
périls qu'il s'agit d'éviter ?

Nous voici, en effet, grâce à la résolution et à
la fermeté du gouvernement, à la veille d'un acte
décisif, d'une importance capitale pour toute la
France. Le décret que le cabinet vient de rendre,
et qui a l'assentiment de l'opinion publique, nous
met à quelques semaines de cette échéance sur
laquelle tous les partis ont les yeux fixés depuis
tantôt trois ans et qui doit être pour nous la déli-
vrance, et pour nos ennemis — qu'on peut distinguer en deux camps : ceux qui espèrent encore et
ceux qui n'espèrent plus — le signal de la déroute
définitive où d'une pacification que tout le monde
doit désirer. (Très bien ! très bien ! — Applaudissements.)

Après huit ans d'épreuves, après avoir épuisé
toutes les formes du sacrifice et du dévouement,

après avoir accumulé toutes les preuves de patience et de sagesse, après avoir résisté à toutes les provocations, à celles qui étaient effrontées comme à celles qui étaient captieuses et perfides, la France a échappé définitivement aux hommes du 24 Mai et du 16 Mai. Elle espère toucher enfin au terme de cette lutte, aussi stérile que fatigante, qui lui disputait la fondation d'un gouvernement libre, du gouvernement nécessaire à une Démocratie majeure, de la République. (Vive adhésion et applaudissements.)

Vous connaissez mieux que moi, pour les avoir peut-être supportés de plus près, les excès qui ont marqué ces deux tentatives de retour offensif de l'esprit de l'ancien régime. Aussi ce n'est pas pour vous ramener en arrière, pour exciter à nouveau vos légitimes indignations que je suis ici ; c'est plutôt pour rechercher par quels moyens, par quels actes, d'ici à quelques jours, nous pourrons enfin mettre un terme aux inquiétudes, aux angoisses qui, à certaines heures, prennent la France à la gorge et l'arrêtent au milieu de son travail de perfectionnement et de progrès.

Oui, dans quelques jours, beaucoup des conseils municipaux de France vont se réunir pour faire sortir de leurs rangs un homme auquel ils confieront le pouvoir le plus redoutable, celui de choisir, à un jour donné, l'arbitre, le juge de la situation politique générale. Les élections sénatoriales qui se préparent coïncideront en effet, par la durée du mandat qui sera de neuf ans, avec des échéances que je n'ai pas besoin d'analyser très profondément, soit au point de vue du pouvoir exécutif, soit au point de vue du fonctionnement des pouvoirs électifs eux-mêmes, soit au point de vue des diverses réformes nécessaires, les unes à réaliser immédiatement, les autres nécessaires aussi et à mettre à l'étude tout de suite.

On sent, par conséquent, combien va être grave la mission que ce délégué sera chargé d'aller remplir au centre du département. Je voudrais que,

d'ici à cette réunion, tous les membres des conseils municipaux de France se missent en face de
la responsabilité qui va peser sur eux, car s'il y a
des hommes qui auront la responsabilité entière
des intérêts et de l'avenir de la Patrie, ce sont ceux
auxquels sera confié à la fois le soin de son hon-
neur et de sa sécurité.

Il y a·des jours où la responsabilité pèse plus
lourde encore sur la tête des mandants que sur
celle des mandataires, c'est lorsque cette responsabilité est dans le peuple et non pas dans ses élus,
et toujours le peuple lui-même ou ses représentants doivent se mettre en présence des lourdes
responsabilités encourues ; car, après le vote
rendu, il n'est plus possible de ressaisir les conséquences inéluctables qui doivent en sortir.

Si je ne voulais citer qu'un seul exemple de
cette responsabilité tout entière qui incombe aux
commettants, j'évoquerais devant vous le souvenir
de ce plébiscite fatal du 8 mai 1870, dont la France
a failli mourir ; je dirais que l'homme investi d'un
mandat a une responsabilité à supporter, mais que
d'abord il y a celle du suffrage universel, du man-
dant, du pays lui-même. Eh bien, nous sommes à
une de ces heures solennelles où, comme en
mai 1870, on peut dire au pays : Tu tiens ton sort
dans tes mains, et c'est du choix triennal du Sénat
que sortira l'ordre ou le désordre, la paix ou la
guerre à l'intérieur. (Très-bien ! très-bien ! —
Applaudissements.)

Et c'est à cela, messieurs, que doivent servir les
cruelles leçons que nous avons reçues et sous le
coup desquelles nous saignons encore. Il faut que
cette histoire, à la fois si désolante et si rappro-
chée, nous avertisse toutes les fois que nous avons
un grand acte à accomplir. Aussi je dis à ces
représentants des communes rurales qui sont
venus au milieu de nous : Rappelez-vous, rappelez
à vos concitoyens, à vos collègues, qu'au mois de
mai 1870, on leur disait : Votez ! votez contre la
Démocratie, votez contre les libéraux, votez contre

les républicains, votez pour le pouvoir personnel ;
donnez de pleins pouvoirs à un homme ; ne vous
préoccupez pas de la direction des affaires : des
esprits plus élevés, plus sûrs, plus compétents que
vous, en ont la charge et le profit ; vous êtes sûrs,
en vous rangeant uniquement du côté dn pouvoir
personnel, en faisant taire ces démagogues et ces
agitateurs, d'avoir l'ordre, la paix et le progrès.

Et le peuple s'est abandonné. Il a cru aux
calomnies, il a subi la pression. Il a cru, dans sa
naïveté, dans la confiance naturelle que lui inspire
un gouvernement quel qu'il soit, parce qu'il est le
gouvernement, il a cru qu'on ne pouvait pas le
tromper à ce point. Vous connaissez le réveil !
(Longs applaudissements et bravos.)

Jamais cette justice sévère qui réside au fond
de toutes les actions individuelles et collectives et
qui sort des résultats de tous les actes humains,
jamais cette Némésis n'est sortie avec une rapidité
plus effroyable de l'arrêt que le peuple avait lui-
même signé de sa déchéance, et elle s'est mani-
festée par l'invasion, par le démembrement, par
les lourds impôts qui nous accablent encore. (Mouvement.)

Voilà ce qui se produit quand on s'abandonne,
quand on ne fait pas soi-même ses affaires, quand
on n'a pas conscience de la gravité de son vote.

Aussi faut-il, aujourd'hui, bien faire comprendre
la gravité du vote à émettre aux délégués sénatoriaux qui vont sortir du scrutin des 15,000 conseils
municipaux convoqués. Il faut leur faire bien
sentir qu'ils sont à une heure, à une époque qui est
aussi importante pour l'ordre intérieur et la stabilité extérieure que l'était l'époque du plébiscite du
mois de mai 1870 pour la paix extérieure et l'inté-
grité de la France. (Assentiment unanime et
applaudissements prolongés.)

Il est certain que si les hommes du 24 Mai ont
pu revenir au 16 Mai, que s'il y a eu des tentatives
véritablement coupables et criminelles contre la
volonté de la majorité de la France solennelle-

ment exprimée aux élections de 1876 ; que si les mêmes hommes qui avaient déjà si funestement renversé l'illustre homme d'Etat amené par son patriotisme à la République, et fait succéder à son gouvernement de modération un gouvernement de vexations et de proscriptions, ont pu diriger une suprême tentative contre les droits et la volonté de la nation, — il est certain, dis-je, que si ces faits ont pu se produire, c'est parce qu'il y avait au Sénat une majorité de quelques voix, guidée par des factieux, et qui, trompée par l'indifférence de quelques-uns, dans un jour d'égarement, dans un jour de défaillance, se trompant peut-être elle-même sur les conséquences qu'on allait faire sortir de son vote, a permis qu'on fît d'elle un prétexte, un instrument à l'aide duquel, pendant sept mois, on a livré la France à tous les vents du hasard, à toutes les aventures, à tous les périls, en usurpant, légalement, je le veux bien, mais contre le sentiment public, un pouvoir qu'on était aussi incapable d'exercer que de rendre profitable au pays (Applaudissements unanimes.)

Il faut redire au pays, et surtout à ces conseillers municipaux qui vont choisir leurs délégués : Vous avez souffert, vous avez passé par des transes horribles, vous avez vu le spectre de la guerre civile à l'horizon ; vous avez entendu, tous les soirs, des bruits, des murmures de coups d'Etat ; vous avez tremblé pour la paix entre les citoyens. Vous vous rappelez toutes ces choses, et cependant toutes ces choses pourraient recommencer si on avait des élections sénatoriales mauvaises, si on avait une majorité incorrigible, si on redonnait la direction de cette majorité, par un accroissement sorti des élections prochaines, à ces politiques aussi présomptueux qu'impénitents, que leur parti pourra abandonner, mais qui, eux, n'abandonneront jamais leur importance, leur fatuité, l'aveuglement de leur conduite ni le désir de jouer leur rôle, parce qu'ils n'en ont pas d'autres à jouer. (Rires et bravos.)

Si donc vous voulez éviter ce retour et infliger à ces hommes la vraie peine politique, vous en avez le moyen : c'est, par le scrutin, de condamner à la fois leur politique et tous ceux qui l'ont soutenue. Voilà le véritable châtiment, la correction dont on ne revient pas, la vraie déchéance politique que des hommes politiques puissent infliger.

Je voudrais, messieurs, que chacun de vous qui a été ou qui sera délégué ou électeur de délégué se dise bien que c'est de sa conduite, que c'est du vote qu'il émettra que sortira l'impossibilité pour le Sénat d'être un instrument de réaction et d'oppression. Il n'y aura plus d'ennemis mortels embusqués dans le Sénat pour tirer à l'abri sur les défenseurs de la Constitution républicaine, si les élections sénatoriales sont conformes à la volonté nettement exprimée du suffrage universel, si elles sont conformes à l'intérêt également bien entendu et de ceux qui se disent conservateurs et de ceux qui se disent libéraux ou républicains démocrates. Si l'on considère seulement les choses au point de vue seulement de l'intérêt qu'a tout le monde à la stabilité, il faut voter pour des candidats qui soient fermement résolus à faire fonctionner la Constitution dans le sens républicain, dans un esprit véritablement démocratique ; et il faut exclure des listes sénatoriales tous ceux qui sont connus pour des ennemis incorrigibles de la République, tous ceux qui ont trempé dans cette conspiration à ciel ouvert du 24 Mai et du 16 Mai ; tous ceux qui, soit comme membres sortants du Sénat, soit au dehors, dans le pays, dans des réunions, des comices ou des journaux, ont été les soutiens de cette politique néfaste. Il faut se débarrasser enfin d'hommes qui ont commis des actes dont ils ont vraiment toute la responsabilité. Il faut qu'au premier degré d'élection, dans les conseils municipaux, il y ait une véritable discussion des hommes et des choses.

Je sais bien qu'on a dit ceci : Vous voulez donc que la politique entre dans les conseils municipaux ? Certainement, je le veux, et voici pourquoi. Puisque, en 1875, vous avez commis cette inégalité, puisque vous avez exécuté cette surprise de mettre sur la même ligne tous les conseils municipaux de France, quels que soient la population des communes et leur centre d'action, subissez la loi que vous avez faite, et, ayant introduit la politique partout, souffrez qu'on passe au crible, dans ces conseils municipaux, les hommes qui se présenteront comme candidats au Sénat, qu'on leur demande compte de leur passé, de leurs votes et qu'on recherche, non pas ce qu'ils se proposent de faire dans l'avenir, mais ce qu'ils ont fait dans le passé ; car, dans l'élection capitale qui va avoir lieu prochainement, il n'y a pas de meilleur critérium pour distinguer le bon candidat que de rechercher dans sa vie, dans son passé, quels ont été ses actes, ses intentions, ses écrits. (Très bien ! très bien ! — Applaudissements prolongés.)

Je suis très partisan, messieurs, d'une politique de concorde et de conciliation ; mais je ne peux pas supporter que, sous prétexte de concorde et de conciliation, il se glisse dans l'Etat républicain, dans les fonctions républicaines, dans les conseils électifs de la nation, des hommes qui réclament la conciliation pour eux et la refusent aux autres, des hommes qui disent : il faut que la République soit ouverte à ses ennemis, qui en chassent les républicains, et qui ne permettent pas d'y entrer à ses véritables défenseurs, à ceux qui ont lutté et souffert pour elle. Vous connaissez des exemples : il y en a dans toutes les carrières, dans toutes les fonctions, dans toutes les branches des services publics, et, aujourd'hui encore, il est malheureusement trop vrai de dire qu'être républicain sous la République n'est ni un titre ni un mérite. (Vive adhésion et applaudissements répétés.)

Eh bien ! il faut que cet état de choses cesse, car c'est là le mal dont on souffre. Les élections sénatoriales ont cela d'excellent qu'elles touchent aux sommets de la politique, puisqu'elles mettent en question l'équilibre des pouvoirs, leur exercice et même la personne qui exercera le pouvoir suprême dans l'Etat, puisque ces élections exercent, à un certain moment, une sorte d'arbitrage sur la marche générale de la politique et sur les traditions de la Chambre des députés. Mais, d'un autre côté, ces élections nous imposent la tâche d'expliquer à nos amis des campagnes où sont l'influence et la puissance administratives et d'où vient que parfois ils se plaignent de n'être pas en bons termes avec tel ou tel fonctionnaire, qu'il appartienne à l'ordre judiciaire, administratif, aux finances, ou même à ce corps que je voudrais voir rendre à son véritable rôle de protection et de confiance — j'entends la gendarmerie qui, malheureusement, par suite d'abus qui datent de loin, d'instructions mal faites, de je ne sais quelles susceptibilités hiérarchiques mal dirigées, est devenue trop souvent une cause de zizanies au lieu d'être un corps d'agents d'ordre, de protection et de sécurité pour tous les citoyens, sans distinction de classes ni d'opinions. (Vifs applaudissements.) Je pourrais en dire autant de tous les représentants, à un degré quelconque, de l'autorité. Je m'applaudis, je me suis toujours réjoui, et je ne suis pas prêt de m'en repentir, de voir qu'on a associé intimement le paysan français au fonctionnement d'une Constitution républicaine. J'ai été très partisan de l'idée qui a fait que dans le plus humble conseil municipal de France, à de certaines époques, périodiquement, il serait question des intérêts les plus élevés de la République. L'examen de ces intérêts, le choix des hommes initient les conseillers municipaux à la politique et leur font sentir la dignité, la responsabilité dont ils sont investis, le poids dont ils pèsent dans les destinées de la Patrie. Cette mission leur apprend, en même temps, à connaître les hommes qui sollicitent leurs suffrages et à comprendre la valeur de leur bulletin au jour du vote. Oui, je me suis applaudi de voir l'élément démocratique, l'élément rural, l'élément des petits propriétaires, de ceux qui peinent, qui suent, qui fécondent la terre, l'élément qui a besoin de travail, de protection, de sécurité et de véritable tranquillité, — je me suis applaudi de voir cet élément, par le fonctionnement même de la Constitution, être le maître de toutes ces choses s'il voulait faire des choix éclairés et indépendants. (Applaudissements et bravos.)

C'est pour cela que je ne laisserai jamais passer d'élections sénatoriales, pas plus les élections d'aujourd'hui que les élections à venir, tant que je serai là, sans essayer de consacrer toute l'ardeur de ma conviction à éclairer l'opinion (Applaudissements), car je suis tout à fait certain que, le jour où chaque électeur sénatorial connaîtrait véritablement ses intérêts, ses devoirs et l'étendue de sa responsabilité, il n'y aurait pas de raison ni de bon sens contre la raison et le bon sens de la France démocratique, qui serait alors véritablement maîtresse de ses destinées ; et le jour approche où la Démocratie par excellence, la Démocratie rurale, ne se trompera plus sur le choix des hommes. Ce qui l'égare et la déroute, c'est qu'on sème derrière elle des bruits inquiétants sur telle ou telle conviction ou sur telle ou telle réputation, c'est qu'on cherche à la circonvenir ; on emploie la calomnie et on dit à ces démocrates ruraux : Prenez garde ! la République, c'est le désordre ; elle passera dans les mains des plus extrêmes, et nous roulerons jusqu'au fond de l'abîme. Vous avez entendu ces prophètes de malheur. Leurs gémissements vous sont connus. (Rires.) Ils ne rencontrent plus que des incrédules, et les prophètes même commencent à s'essouffler. (Hilarité générale.) Ils cherchent des raisons et ne trouvent que des phrases ; leur rhétorique ampoulée est celle de l'Eglise, qui les inspire et dont elle est aujourd'hui véritablement l'apanage. (Salve d'applaudissements.)

Autrefois on disait à ce paysan que la Républi-que c'était le partage, qu'elle menaçait les pro-priétaires, qu'elle menaçait la famille. On a re-noncé, depuis tantôt dix ans, à répéter ces men-songes et ces calomnies. On a senti le ridicule qu'il y avait, dans un pays qui compte 24 millions de petits propriétaires, à dire que la propriété pouvait être mise en péril par un parti qui avait le souci de la grandeur de la France et de l'ordre. On veut bien aujourd'hui nous faire grâce de ces phrases sur la propriété. On reconnaît que c'est un thème usé.

Quant aux déclamations sur la famille, elles ont fait aussi leur temps et, franchement, s'il fallait défendre la famille, la lecture des bulletins des tribunaux est trop instructive pour que j'insiste. Je ne rechercherai donc pas de quel côté sont ceux qui attaquent la famille. (Très bien! très bien ! — Applaudissements et bravos prolongés.)

Il reste la religion. C'est le dernier thème, mais, comme il doit remplacer les deux autres devenus ridicules et impuissants, on use et on abuse de celui-ci. (Rires.) Ainsi il n'est question que de per-sécutions et de martyrs. L'Eglise, le clergé, le parti clérical se voient revenus au temps de Dio-clétien ; les bêtes, les lions attendent dans le cirque. (Hilarité générale.) Et ce qu'il y a de bizarre, c'est que ces affolements, ces plaintes, ces gémissements coïncident avec les entreprises les plus audacieuses, avec les résistances les plus illé-gales, avec les usurpations les plus contraires à tout notre droit français et telles qu'on n'en a jamais vu dans notre pays. De sorte que ceux-là mêmes qui crient au martyre en sont arrivés à pouvoir mettre sous leurs pieds des lois qui sont muettes et que personne, parmi ceux qui sont char-gés de les faire respecter, ne vient rappeler à ces intempérants, qui ne seraient que les pires des comédiens s'ils ne troublaient profondément les consciences. (Double salve d'applaudissements et acclamations.)

Je n'ai pas à vous faire toucher du doigt la grossièreté de ce sophisme qui consiste à confondre la religion, la liberté de conscience, le droit de penser et de pratiquer, avec les intérêts et l'esprit de domination d'une caste, d'une secte qui couvre d'un nom respecté dans toutes les sociétés civilisées les complots et les machinations les plus oppressives, la conduite la plus condamnable.

Non, la religion n'est pas en péril, ni la liberté de conscience ; et si, d'un certain côté, on réclame le droit de libre propagande ; si, dans des établissements de l'Etat, on se permet d'arborer, en face de la France de 89, le drapeau de la contre-Révolution ; si cette conduite est licite et permise de ce côté-là, on ne peut pas dire que, de l'autre côté, on obtienne la même tolérance et la réciprocité. (Marques unanimes d'adhésion. — Applaudissements.)

Je ne me plains pas, d'ailleurs, de ce que nous ayons pu assister à des actes qui réveilleront certains indifférents, lesquels ne croyaient pas assez à cette gangrène, à ce péril clérical. (Explosion d'applaudissements et acclamations prolongées.) Ces actes ramèneront forcément l'attention des hommes publics vers la solution de questions instantes, et ils mettront l'opinion dans l'obligation de choisir. Et alors un juste départ se fera vite entre les partisans d'une religion nationale dont les ministres se renferment dans le cercle rigide de leurs attributions, entre ceux qui respectent les hommes voués à l'exercice d'un culte mais n'en sortant pas, se bornant à leur mission spirituelle et cessant de pousser à la violence par des prédications que tout le monde connaît et que personne ne punit... (Salve d'applaudissements.) Le départ, dis-je, se fera vite entre les partisans de ces hommes de paix et les partisans de ceux qui ne craignent pas de transformer ce qui devrait être la chaire d'apaisement en une tribune d'où ils déversent, sans responsabilité pour eux, l'injure, la calomnie et l'outrage sur des hommes qui ont l'adhésion de leurs concitoyens. Qu'on ne crie donc plus à la persécution, que tout rentre dans le droit, et, quand nous aurons obtenu le respect d'une législation qui n'est pas à faire, qui existe, nous constaterons bien vite ce que valent et ce que cachent les déclamations de ce parti qui, bien qu'il multiplie ses manifestations hypocrites, n'en est pas moins un parti anti-français, car il poursuit toujours le même plan, et son mot d'ordre, qu'il ne prend pas chez nous, n'a pas changé : il nous hait et il ne sert que des desseins qui nous sont hostiles. (Longs applaudissements et bravos prolongés.)

Il faut donc répéter à l'électeur sénatorial de nos campagnes que ceux-là sont véritablement des artisans de mensonge qui disent que la République, que les pouvoirs républicains sont les ennemis de la religion ; mais il faut lui demander s'il entend être le maître chez lui, dans sa commune, dans son école, dans son chemin vicinal, dans le choix des hommes qui représenteront ses opinions, ses intérêts ; s'il entend que les agents de l'Etat le respectent et le protégent ; ou s'il veut de la tutelle de la sacristie au lieu d'avoir sa part de gouvernement et de souveraineté dans la commune. Oh ! alors vous verrez que cet électeur saura parfaitement faire la distinction entre la religion respectée et respectable et ceux de ses ministres qui la compromettent et l'engagent dans des complicités où elle ne peut évidemment que perdre de son prestige et peut-être de son influence sur les esprits. (Approbation générale et applaudissements.)

Et pourquoi est-il vraiment si nécessaire de concentrer, pendant quelques semaines, l'attention des conseils municipaux de France sur ce choix des électeurs sénatoriaux et des sénateurs eux-mêmes ? Je veux m'en expliquer très librement.

J'y trouve, messieurs, un double intérêt : d'abord l'intérêt que j'ai indiqué tout à l'heure, celui du bon fonctionnement de la Constitution républicaine, de l'ordre et de la paix ; mais j'en trouve un autre : c'est que je suis pénétré — et ici je vous apporte un avis qui est le résultat d'une expérience accomplie sous nos yeux — de la nécessité d'un Sénat républicain. Je suis convaincu que, dans une Démocratie comme la nôtre, si riche mais si ardente, si étendue, si complexe, avec des aspects et des traits si nets, soumise à des conditions, à des milieux si variables, il est nécessaire d'avoir un Sénat républicain qui apporte, dans le fonctionnement des pouvoirs publics, un esprit de tradition et l'autorité de l'expérience dans les matières d'Etat ; un Sénat républicain qui soit une école de gouvernement, un Sénat, en un mot, qui soit l'ami, le conseil et le contrôle de la Chambre des députés. J'entends bien que si c'est un Sénat à tendances factieuses, gouverné par des monarchistes incorrigibles, par des aristocrates, par des petits-maîtres dont la fatuité est sans bornes, par des hommes qui font la théorie d'un Sénat institué uniquement pour contrarier la Chambre des députés, pour entrer en conflit avec elle — dans ces conditions, le Sénat aura le sort de tous les obstacles : il disparaîtra un jour ou l'autre devant la force supérieure du suffrage universel. (Vive approbation. — Applaudissements.)

Si ceux qui, parmi nos adversaires, prétendent avoir conservé quelques lueurs de libéralisme et de sagesse politique, avaient bien compris leurs intérêts, se fussent-ils jamais associés à cette politique de conflits et de discordes sans autre résultat possible qu'une impopularité qui devait rejaillir sur l'institution du Sénat? Est-il vrai que, s'ils avaient été vraiment dignes du nom de conservateurs qu'ils s'arrogent, comme tant d'autres, sans le mériter, ils auraient dû suivre une conduite opposée à celle qu'ils ont tenue quand on leur a demandé le vote de lois réactionnaires ou le refus de lois votées par la Chambre des députés dans un esprit de justice? Auraient-ils dû accep-

ter une politique aussi ouvertement révolution-
naire que celle qui a inspiré le vote de la dissolution ?

Est-il vrai qu'ils auraient dû résister à cette
politique dans l'intérêt d'une conception qu'ils
invoquent et au monopole de laquelle ils prétendent depuis trois quarts de siècle : la constitution
d'un régime politique avec deux Chambres? Mais
les uns, par haine de la Démocratie, ont voté la
dissolution sans scrupules, les autres par scepti-
cisme, et, enfin, une troisième catégorie a voté la
mort dans l'âme. (Rires.)

Eh bien, ce que je redoute, non pas dans l'intérêt de ces beaux esprits qui nous font si pédan-
tesquement la leçon et savent si peu se conduire
eux-mêmes, mais dans l'intérêt de mon pays et de
la cause que nous servons ensemble, c'est précisément qu'à force de dénaturer le rôle du Sénat,
c'est qu'à force de substituer l'idée de conflit à
l'idée de contrôle, on ait accumulé contre l'institution une série de préjugés, d'animosités qui,
dépassant la mesure à un jour donné, pourraient
l'emporter et amener une faute tôt ou tard.

Car, messieurs, il faut se mettre en face de
l'avenir et bien se dire que les institutions valent,
non pas par les prescriptions qu'on dépose dans
les constitutions, non pas par les préambules plus
ou moins magnifiques dont on les fait précéder,
mais par les manières dont on les entend, dont on
les pratique et les fait fonctionner. Je ne connais
pas beaucoup d'institutions, même médiocres
dans l'esprit de ceux qui les ont créées, qui ne
puissent devenir, sous la main d'un parti avisé,
d'une Démocratie puissante et réglée, de volonté
persistante et souple, des armes de protection pour
le parti républicain, alors qu'on croyait avoir forgé
contre lui peut-être des armes mortelles. (Vive
adhésion. — Applaudissements.)

Voyez combien de lo 'Assemblée nationale,
cette Assemblée int ryable ue nous ne rever-
rons pas, je l'esp   ... (Rires approbatifs) avait

accumulées contre le parti républicain. Voyez ce qu'elle pensait avoir tiré de la loi municipale, de la loi sur les conseils généraux, du scrutin d'arrondissement et de l'institution du Sénat lui-même. Voyez comme, sous la force réglée du suffrage universel, sous l'influence d'une politique à la fois hardie et contenue, tout cela s'est transformé et est devenu, au service de la Démocratie, autant d'instruments de victoire contre vos adversaires. Car avec quoi les avez-vous battus ? Avec les armes forgées par eux-mêmes. (Salve d'applaudissements.)

Eh bien, je voudrais que ce Sénat, institué dans une pensée de réaction contre le suffrage universel, contre la volonté nationale, dans une pensée de restriction des pouvoirs législatif et exécutif — je voudrais que ce Sénat se transformât par la seule pénétration de l'esprit démocratique et qu'il devînt, d'une façon permanente et pour ainsi dire perpétuelle, la véritable citadelle de la République, dans laquelle on placerait ses défenseurs les plus énergiques, ses capacités les plus éprouvées, ses renommées les plus certaines, de façon qu'on s'inclinât devant le Sénat de la République comme on le faisait devant le Sénat de Rome. (Longs applaudissements.)

Je dis que cette institution ainsi comprise est nécessaire dans une Démocratie, et surtout dans une Démocratie qui veut être progressive. Ah ! messieurs, si nous n'avions combattu que pour établir une forme de gouvernement, la forme républicaine, notre rôle serait fini, car ce gouvernement va être définitivement fondé. Le 5 janvier prochain nous aurons doublé le cap et franchi le chenal qui nous sépare encore de l'océan pacifique de la République. Après cette date, nous pourrions replier les voiles et rentrer chez nous. Mais nous n'avons pas seulement voulu fonder une forme de gouvernement. Nous voulons que, sous l'égide de la République, les capacités de tous les citoyens puissent librement se développer. Et ce n'est certainement pas à Grenoble, où j'ai constaté l'avénement des nouvelles couches sociales, que je pourrais dire que notre tâche est terminée. Elle ne le sera jamais. Après une première couche, une seconde viendra, puis d'autres, car maintenant le travail des peuples consiste à attirer, à faire monter sans cesse ceux qui sont en bas vers la lumière, le bien-être et la moralité. (Salve d'applaudissements et bravos prolongés.)

Et c'est précisément parce que vous vous êtes fait à vous-même, Démocratie française, un horizon sans limite de progrès indéfini, parce que vous avez livré à la curiosité et aux efforts de tous la solution de tous les problèmes, c'est précisément parce que vous appelez le concours de toutes les énergies et que vous réclamez la collaboration de toutes les capacités, c'est parce que vous attisez dans tous les cœurs cette légitime passion sociale, qu'il faut, au centre de la République, un pouvoir modéré, sage, pondéré, épris de la République, mais ne s'inspirant que de la réalité et des circonstances qui doivent entourer la réalisation, à heure dite, de tel ou tel projet. Il ne faut pas que ce Sénat soit un obstacle, un mur contre lequel les flots de la République viennent battre. Non! cela ne préparerait que désastres et écroulements. Il faut que ce soit un guide sympathique, éclairé, sur lequel la France pourra s'appuyer avec confiance puisqu'il sera sorti de ses entrailles, du choix de toutes les communes de France. (Bravos prolongés.)

Je ne retire pas la parole que j'ai prononcée le jour où je me suis expliqué sur le Sénat. Je ne parlais pas de l'essai de Sénat oligarchique qu'on tentait de constituer ; j'annonçais ce qui sera une vérité plus tard, à savoir que lorsqu'on aura véritablement rendu au Sénat sa figure nécessaire, son rôle permanent, ses fonctions légitimes, lorsqu'on y aura fait pénétrer l'esprit démocratique, lorsqu'on l'aura constitué, épuré, renouvelé pour donner la vie à ce pouvoir constitutionnel, il sera bien réellement, de par son origine, le grand Conseil des commmunes de France. (Vifs applaudissements.)

Eh bien, il dépend des 17,000 électeurs sénatoriaux de nous rapprocher de ce but. Il dépend d'eux, en choisissant avec recueillement, en analysant avec sollicitude, en scrutant avec impartialité les titres de ceux qui viendront solliciter leurs suffrages, il dépend de ces 17,000 électeurs de nous donner à la fois la stabilité immédiate, la sécurité de l'avenir, les moyens de développer encore nos ressources, la possibilité de résoudre de grandes questions et de créer, au sein de la République, un point fixe autour duquel tout sera mouvement et progrès.

Cette adjuration que j'adresse à ceux d'entre vous, messieurs, qui sont appelés à exercer ce mandat, je l'adresse en même temps à ceux de nos amis qui, sur d'autres points du territoire, sont appelés aussi à déposer leurs bulletins dans l'urne, mais je ne dirais pas toute ma pensée si je n'ajoutais quelles sont nos espérances, nos certitudes, et aussi pourquoi j'attache un si grand prix à ce qu'ils multiplient leurs efforts pour garantir le succès.

En effet, messieurs, vous savez que j'ai la mauvaise habitude, avant l'ouverture des périodes électorales, d'annoncer quels doivent en être les résultats probables. (Rires d'approbation.) Il m'est arrivé assez souvent de dire juste. Une certaine fois, cependant, je me suis trompé ; mais il s'est trouvé entre les électeurs et moi bien des mains interposées qui avaient certainement aidé mes contradicteurs à diminuer le résultat que j'avais annoncé. (Hilarité générale et applaudissements.)

Cela a bien paru le jour où ce même suffrage universel, où ces mêmes électeurs, consultés à nouveau dans les mêmes circonscriptions, à peine débarrassées d'ailleurs des fonctionnaires qui avaient procédé aux précédentes élections, ont rendu un verdict tout à fait décisif dans le sens des prédictions, des révélations que nous avions faites.

Quelle est l'origine de ces révélations? Elles proviennent simplement d'études, de statistiques bien faites, exemptes autant que possible de chances d'erreur, d'un travail soutenu. Et quand nous disons aujourd'hui, par exemple, que sur 84 élections sénatoriales à faire, nous espérons avoir 20 voix de majorité, nous faisons une supposition, mais j'espère bien qu'elle ne sera pas démentie par l'événement. Je dis donc dès à présent que nous avons une majorité. La question de droit et de fond sera vidée après le 5 janvier, et, à cette date, il faudra que l'ancienne majorité sénatoriale choisisse : elle devra abandonner les guides impuissants qui l'ont conduite à l'erreur et au désastre, ou bien persévérer dans une attitude aussi contraire aux intérêts conservateurs qu'à ceux de la France elle-même. (Applaudissements prolongés.)

J'espère que le plus grand nombre d'entre eux, comprenant que toute résistance est inutile contre le vœu du pays et qu'il n'y a plus à espérer le retour de l'un des divers régimes monarchiques, comprenant encore que, la France ayant fait son choix, personne ne peut avoir la prétention d'avoir raison contre elle, voudront bien incliner leur volonté devant la volonté du pays et accepter sa décision en bons citoyens et en bons Français.

Mais j'estime qu'on les amènerait bien plus facilement à cette adhésion si, au lieu d'avoir une majorité sénatoriale de vingt voix, nous avions une majorité supérieure.

J'adjure les divers délégués sénatoriaux d'obtenir une majorité plus forte que celle que j'ai dite et qui n'est qu'une hypothèse. Il y a toujours à faire un effort supérieur à celui qu'on a fait, et c'est le lendemain de la victoire ou de la défaite qu'on s'en aperçoit et qu'on le regrette. Je sais tel département qui, aux dernières élections, l'eût emporté si l'on eût été plus sage, plus habile, plus discipliné, plus uni, si l'on avait subordonné les questions de personne et de clocher — car il y a aussi des rivalités de commune à commune et de ville à ville — à la question de savoir quel était le candidat républicain qui offrait le plus de chances de succès. Car, dans une élection, quand on a examiné les candidatures, quand on les a critiquées, lorsque l'heure de l'action sonne, il faut n'avoir pas le sentiment des intérêts de la nation pour ne pas se rallier tous sur le choix qui a été fait et pour ne pas accepter la loi de la majorité. (Applaudissements prolongés.)

J'ai bon espoir que cette conduite sera suivie, car le passé, et un passé des plus récents, nous est un gage de cet esprit croissant de concorde, de sagesse, de modération et de fermeté tout ensemble qui anime les grandes masses du pays, et qui fait que nos adversaires confondus, que les étrangers, émerveillés, disent : Quelle France nouvelle nous a donc fait la République ? N'est-il donc pas prodigieux de voir un pays autrefois si mobile, si léger, si capricieux, si agité, après être tombé sous les coups de la fortune, être devenu si modeste, si sage, si modéré, si réglé, et en même temps le plus moral, entendez-le bien, et le moins troublé de tous les pays qui occupent aujourd'hui l'attention des hommes ! Oui, c'est prodigieux. Et pourquoi la République, même tourmentée, que les nécessités ont imposée à nos adversaires, pourquoi cette République, née au milieu des douleurs de la Patrie mutilée, n'aurait-elle pas le bénéfice, aux yeux même de ceux qui ne pensent pas comme nous, des sympathies de tous à l'intérieur et de l'estime et du respect qu'à l'extérieur elle a su attirer de nouveau sur la France ? (Double salve d'applaudissements.)

Ah ! messieurs, on a quelque droit de dire et de répéter au pays qui a si courageusement porté le lourd fardeau dont on a chargé ses épaules, on a le devoir de répéter bien haut qu'il est désormais en possession de lui-même et qu'il a, sinon rétabli son ancienne grandeur, au moins regagné, avec la direction de lui-même, l'estime et le respect des autres ; que ce respect reposera désormais sur les sacrifices communs de tous les Français ; qu'ayant introduit l'égalité, cette passion française, dans le plus précieux, le plus nécessaire, le plus glorieux des services publics, le service militaire, il n'y a véritablement aucune espèce de raison pour en retarder la manifestation et le triomphe dans tous les ordres, dans toutes les branches de l'activité nationale. (Salve d'applaudissements.) C'est cet esprit d'égalité, de démocratie, qui assure la sécurité nationale, qui fait notre armée, et qui fait que la France, consciente de son droit, respectueuse de toutes les nécessités, ayant abdiqué l'esprit de vanité et d'agression, sûre d'elle-même et de sa politique, puisqu'elle la dirige toute seule, confiante dans ses enfants, tous placés sous le même drapeau, peut se livrer au travail, à la production, à la moralisation et donner à pleines mains l'éducation à tous ses enfants, et préparer cette ère — à nos successeurs de pousser le char plus loin ! — cette ère à laquelle nous aspirons, cette ère où la République, assurée de toutes les libertés, laissera à chacun le soin de diriger ses intérêts et de chercher le bonheur dans la responsabilité de ses actes. (Longs applaudissements et bravos répétés.)

Mes amis, ce que je viens de vous dire, je vous demande de le commenter, de le répéter autour de vous, de vous en aller, compagnons et coopérateurs de ma pensée, à travers vos montagnes, les propager. Car, quoi qu'on ait dit, nous ne recherchons rien, rien que le triomphe de nos principes par la persuasion, nous n'attendons rien dans tous les ordres que de la puissance de la raison. Nous ne voulons rien que par la loi, œuvre de la majorité ; nous sommes désormais tranquilles sur l'avenir de la République que nous avons élevée, et enfin soustraite à la direction de ses ennemis. C'est que, fondée pour la première fois sur l'adhésion des petits et des moyens, ayant ses racines dans le sol, n'étant pas un édifice improvisé qui surgit tout à coup dans la tempête et dont on n'aperçoit que les lignes de faîte au milieu de l'orage, elle sera au contraire une construction lentement et patiemment édifiée, dont les fondements reposent sur toute la surface de notre territoire et qui sera assez grande, je le jure, pour contenir, comme dans un temple national, tous ceux qui sont vraiment dignes d'être les enfants de la France. (Triple salve d'applaudissements. — Acclamations prolongées et cris répétés de : Vive la République ! Vive Gambetta !)

PETIT

CATÉCHISME DE PERSÉVÉRANCE

LETTRE D'ENVOI

Aux Electeurs,

Au temps où régnait le 16 Mai, nous avons échangé ensemble les demandes et les réponses du Petit Catéchisme électoral.

Le 14 octobre vous avez affirmé votre foi politique.

Nous n'avons donc aujourd'hui qu'à nous affermir mutuellement dans nos convictions, pour ne pas nous démentir dans nos actes.

C'est pour cela que je vous dédie le Petit Catéchisme de Persévérance.

I. — LA RÉPUBLIQUE

Quel est le gouvernement que la France s'est donné le **4 septembre 1870** par *acclamation*, le **25 février 1875** par *raison*, le **2 février 1876** et le **14 octobre 1877** par *reconnaissance ?*

— La République.

Quelle tâche la République avait-elle à remplir ?

— Une tâche immense :

Payer cinq milliards aux Prussiens ; créer une armée ; relever les ruines amoncelées par la guerre étrangère et par la guerre civile, fille de nos malheurs ; rendre à la France au dedans la tranquillité et le travail, et au dehors la considération et l'estime des nations.

Comment la République a-t-elle rempli sa tâche ?

— La République a payé l'énorme rançon et libéré le territoire en quelques mois.

La République a refait à la France une armée plus nombreuse, mieux armée, mieux disciplinée.

La République nous a donné huit années de calme. A l'ombre de son drapeau que les étrangers apprennent à respecter, et que nos enfants ont appris à aimer, nous avons travaillé en paix. Si bien qu'à peine au lendemain de nos désastres, Paris, où s'ouvre la Grande Exposition, Paris, où affluent les peuples et les princes, déjà semble redevenu la capitale de l'Europe.

Un gouvernement à qui l'on doit de tels bienfaits ne mérite-t-il pas notre appui et notre dévouement ?

— Certes, quiconque aime sa Patrie doit aimer ce Gouvernement.

Quiconque a souci de ses propres intérêts doit le défendre et le maintenir.

Serait-il donc possible aujourd'hui de le remplacer par un autre ?

— Non, assurément. Ni les légitimistes, ni les impérialistes ne se font d'illusions à cet égard. Ils savent que le pays ne veut pas plus d'Henri V après 89, que de Napoléon IV après Sedan.

Car en 1876 par plus de 4 millions de voix, en

1877 ou 1878 par près de 5 millions, la France leur a signifié sa volonté.

La République est donc inattaquable, puisqu'elle est fondée sur la reconnaissance et l'intérêt de la Nation, puisqu'elle s'appuie sur l'immense majorité des Electeurs ?

— Inattaquable... non, hélas ! pour les insensés qu'aveugle l'esprit de parti et pour les ambitieux que le patriotisme ne gêne guère. Inattaquable... non, tant que restera ouverte cette brèche par où sont entrés dans la place les faiseurs du 16 Mai. Chassés au 14 octobre par notre vote, ils tenteront encore d'y rentrer, tant que notre vote n'aura pas, en fermant la brèche, découragé leurs efforts.

Quand la majorité du Sénat sera républicaine, alors, mais alors seulement, la République sera inattaquable, comme elle est indestructible.

II. — LES CONSERVATEURS

Eh quoi ! ces hommes tombés piteusement, flétris par la conscience publique et désavoués même de leurs complices, oseraient renouveler leurs tentatives criminelles ?

— Gardons-nous d'en douter. Nulle considération ne les arrêtera, si nous ne les frappons d'impuissance.

Ni le respect de nos droits et de nos décisions....

Car dix fois déjà il ont tenté d'escamoter le pouvoir et la République.

Ni le cri de l'indignation publique...

Car ils n'ont pas hésité à renverser le libérateur du territoire, et leurs complices ont insulté à son cadavre.

Car ils ont rédigé le *Bulletin des Communes,*

tandis que leurs amis faussaient les urnes et volaient au scrutin.

Ni l'amour de la patrie...

Car ils vaudraient la voir misérable, affamée et râlant, pour la punir d'avoir préféré la République à leur empereur et à leur roy.

Ni même un reste de pudeur...

Car ces outrages, ces calomnies, ces vœux infâmes, ils les étalent dans leurs journaux, ils les signent bravement, ils s'en vantent !

Quels titres ont-ils donc à prétendre s'imposer à la France ?

— Leurs titres ? Quel Français les ignore, grand dieu !

Aux uns, nous devons l'invasion allemande, nos milliards jetés aux vainqueurs ou ensevelis sous les ruines de nos cités, nos fils morts dans la défaite ou dans la captivité, la Lorraine et l'Alsace perdues, Metz livré, Sedan ! tous les désastres et toutes les hontes.

Les autres, depuis huit années, ont usé toutes les ressources de leur petit génie à intriguer, conspirer et voyager pour le roy, agitant du même coup le pays, troublant les affaires et ruinant le commerce. De connivence avec les impérialistes, tour à tour dupeurs et dupés, ils ont fait le 24 et le 16 Mai. Ils seraient partis en guerre contre l'Italie et la Prusse, avec le pape pour allié, si on les eût laissés faire.

Enfin, à ceux-là, notre pauvre pays, déjà si divisé, doit un germe de divisions nouvelles. Ils ont inventé le *gouvernement des curés* et déchaîné le *cléricalisme*.

Ne suffit-il pas que les uns et les autres soient connus pour qu'ils aient cessé d'être dangereux ?

— Sans doute un électeur honnête et de bon sens n'aura garde de les choisir, s'ils se présentent à visage découvert. Mais ils prennent ou jettent le masque selon les besoins du moment. Les promesses ne leur coûtent rien et ils vous jureront, si vous le voulez, qu'ils sont les meilleurs défenseurs de la République.

N'y a-t-il donc aucun signe auquel on puisse les reconnaître ?

— Si. Tous, ils se trahissent par un déguisement uniforme, par un nom d'emprunt dont ils s'affublent pour tromper les naïfs. Politiques sans scrupules, insulteurs sans vergogne, conspirateurs incorrigibles ou simples comparses d'une coalition qui n'a qu'un but : détruire la République, tous se disent des *conservateurs*.

A l'étiquette, nous les reconnaîtrons, lorsqu'ils viendront briguer nos suffrages.

III. — ÉLECTIONS SÉNATORIALES

Quelle est l'importance du vote que vont émettre les électeurs sénatoriaux ?

— Elle est énorme. Leur vote sera décisif, car les élections du 5 janvier 1879 sont le complément nécessaire des glorieuses élections du 14 octobre 1877.

Depuis la chute de l'empire, la France lutte pour reconstituer dans la République son unité morale et politique. Elle a marché péniblement, à travers les intrigues, les complots et les coups d'Etat parlementaires, harcelée par ses ennemis de toutes robes et de toutes nuances dynastiques, dont le Sénat est le dernier rempart. Enfin, elle a répondu à la dissolution en renvoyant à la Chambre 380 députés républicains...

Eh bien, tant d'efforts généreux, tant de souffrances vaillamment supportées, sans un cri de colère ou de plainte, les affaires suspendues, le chômage des ateliers, cette mémorable victoire remportée sur la fraude et la violence aux applau-

dissements de l'Europe, tout cela serait stérile
si la République ne gagnait pas cette partie suprême.

Quelles seraient les conséquences d'un échec ?

— Les conseillers néfastes reviendraient plus
arrogants, ébranlant la confiance, semant le
malaise et préparant la ruine.

Un échec, ce serait l'avenir sombre et plein de
périls, car on doit tout craindre de qui est capable
de tout.

Quel sera, au contraire, le résultat d'élections républicaines ?

— Des élections républicaines réduiront les
partis à l'impuissance, et donneront au gouvernement une stabilité inébranlable. La République
poursuivra paisiblement son œuvre de réparation,
assurant au pays l'ordre, le travail et la paix.

Le succès des candidats républicains, c'est l'avenir assuré, c'est-à-dire la confiance, l'industrie
active, le commerce florissant la prospérité.

Que faut-il faire pour conquérir tous ces biens ?

— Il faut nommer un républicain sincère et
éprouvé, et écarter inflexiblement, soit comme
délégué, soit comme sénateur, tout candidat sus-
pect d'attaches avec les partis dynastiques.

Comment faut-il choisir les délégués ?

— Comme nous choisirions un mandataire dans
un procès où toute notre fortune serait engagée.
Irait-on, par condescendance pour un parent ou
pour un ami, confier la défense de ses intérêts à
quelqu'un en qui l'on n'aurait pas toute confiance ?
Non, évidemment. Donc, ne donnons pas notre
mandat à la légère, au premier qui le sollicite.
Cherchons plutôt dans nos rangs le républicain
modeste et ferme dont nous serons aussi sûr que

de nous-mêmes. N'oublions pas qu'en nommant un délégué, nous nommons peut-être un sénateur, car d'une seule voix, de la mienne, peut dépendre le résultat du scrutin. Et que le sentiment de cette responsabilité nous garde de toute faiblesse !

Comment faut-il choisir les sénateurs?

— Ce choix est moins délicat sans aucun doute et plus facile. Si nous voulons conserver la République, nous n'élirons certainement pas un monarchiste.

Reste à discerner le faux républicain du vrai.

Nous n'y aurons pas grand'peine, j'imagine. Outre la fameuse étiquette, nous aurons pour nous éclairer les conseils de nos députés et l'histoire de ces dernières années toutes pleines d'enseignements salutaires. Et entre tous ces enseignements il en est un surtout qu'il faut retenir, celui qui ressort de la dissolution.

Protestations, explications, promesses, tout serait vain et dérisoire de qui a trempé dans cette aventure. Quel imprudent, quel niais pourrait encore se laisser prendre aux paroles de ceux qui ont dans leur passé politique un pareil acte !

Nous refuserons notre voix à tous les sénateurs qui ont voté la dissolution.

IV. — RÉCAPITULATION

Voulez-vous maintenir le gouvernement qui existe, ou bien courir les chances d'une révolution nouvelle ?

— Nous voulons maintenir le gouvernement.

Voulez-vous que cette épreuve soit la dernière, et mettre enfin hors de question le principe et l'existence même de la République ?

— Nous le voulons.

Voulez-vous qu'à l'incertitude du lendemain succède la sécurité féconde?

— Nous le voulons.

Voulez-vous anéantir d'un coup les espérances des agitateurs et les menées des factieux?

— Nous le voulons.

Voulez-vous épargner à vos enfants nos revers et nos tristes désunions?

— Nous le voulons.

Voulez-vous enfin que la France reprenne pacifiquement sa place à la tête des nations, par l'essor donné à l'instruction et aux grands travaux publics, par le développement du commerce et de l'industrie, par l'éclat des lettres, des sciences et des arts, par la puissance de son génie, s'épanouissant à l'aise dans le travail, l'ordre et la liberté?

— Oui, oui, nous le voulons

Electeurs, votre volonté sera faite. Tout cela est contenu dans votre bulletin de vote. La Patrie a remis entre vos mains sa destinée et la vôtre.

LISTE DES SÉNATEURS

Qui ont VOTÉ la DISSOLUTION

Haute-Garonne. — De Belcastel, Sacaze, Pourcet.
Gers. — Batbie, Lacave-Laplagne.
Gironde. — Béhic, Hubert-Delisle, Pelleport-Burète.
Hérault. — Bonafous, de Pagézy, de Rodez-Bénavent.
Ille-et-Vilaine. — Grivart, général Loisel, de Kergariou.
Indre. — Bondy, Clément.
Indre-et-Loire. — Houssard, de Quinemont.
Landes. — De Gavardie, de Ravignan.
Loir-et-Cher. — Général Riffault.

LOIRE

de Meaux, de Montgolfier

Loire-Inférieure. — De Lareinty, La Vrignais, g^l Espivent.
Loiret. — Jahan.
Lot. — Maréchal Canrobert, Depeyre.
Lot-et-Garonne. — De Bastard, Noubel.
Lozère. — De Chambrun, de Colombet.
Maine-et-Loire. — Général d'Andigné, Joubert, Le Guay.
Manche. — D'Auxais, Daru, Saint-Germain.
Marne. — Général Boissonnet.
Mayenne. — Bernard-Dutreil.
Meuse. — Bompart, Salmon.
Morbihan — De Kerdrel, de la Monneraye,
Nièvre. — De Bouillé, d'Espeuilles.
Nord. — D'Hespel, Maillet.
Oise. — Aubrelicque, de Malherbe.

St-Etienne, imp. J. Besseyre et Cie, r. de la République, 14